AF200529

KUNST DES LEEREN KOPFES

.

»Zur Kunst des leeren Kopfes« heißt ein Gedicht in Caroline Sterns Lyrikband *Kein So · nett* aus dem Jahr 2018. Es entstand bereits 2004 nach ihrer ersten intensiven Auseinandersetzung mit dem Zen-Buddhismus.

Bibliografische Information der Deutschen Nationalbibliothek: Die Deutsche Nationalbibliothek verzeichnet diese Publikation in der Deutschen Nationalbibliografie; detaillierte bibliografische Daten sind im Internet über dnb.dnb.de abrufbar.

Lektorat, Korrektorat: Sophie Werner, Berlin.
Covergestaltung mit Canva: Caroline Stern.
Herstellung und Verlag: BoD – Books on Demand, Norderstedt.
www.bod.de
ISBN: 978-3-750-43388-5